RAPPORT

FAIT

A LA SOCIÉTÉ DES AMIS

DE LA CONSTITUTION DE PARIS,

Le 11 mars 1791,

Au nom des commissaires nommés pour l'examen du Mémoire de LÉONARD BOURDON, sur l'instruction et sur l'éducation nationale.

PAR ALEXANDRE BEAUHARNOIS, Député du département du Loir et du Cher.

A PARIS,

DE L'IMPRIMERIE NATIONALE.

1791.

RAPPORT

FAIT

A LA SOCIÉTÉ DES AMIS

DE LA CONSTITUTION DE PARIS,

Le 11 mars 1791,

Au nom des commissaires nommés pour l'examen du Mémoire de LÉONARD BOURDON, *sur l'instrution et sur l'éducation nationale* (1).

Par ALEXANDRE BEAUHARNOIS , député du département du Loir et du Cher.

COMMISSAIRES,

MESSIEURS,

MENOU.	HUAUT-GONCOURT.
AIGUILLON.	PIEYRE.
ALEXAN. BEAUHARNOIS.	CHARTRES.
MASSIEU , évêque de	DANJOU.
Beauvais.	DUVERNET.
ALEXANDRE LAMETH.	

MESSIEURS,

LES commissaires nommés par vous pour l'examen du plan de M. Bourdon sur l'instruction et

---

(1) Mémoire sur l'instruction et sur l'éducation nationale,

A

sur l'éducation nationale, se sont réunis plusieurs fois avec le double motif de se conformer à vos ordres, et de s'occuper d'une matière, qui, par sa nature, inspiroit un si vif intérêt; qui, par son objet, étoit si importante pour le succès de la révolution.

Ils ont vu dans l'ouvrage qui leur a été soumis, une partie susceptible d'un examen plus prompt, plus rapide, plus pressant, puisqu'elle tend à demander la formation d'une école d'expérience dans laquelle on puisse s'occuper de la recherche et du perfectionnement des méthodes propres à rendre *applicables* et *pratiques* à la jeunesse, les principes de la constitution françoise.

Cette demande formée à la municipalité de Paris y a été accueillie : elle a été l'objet d'une pétition à l'Assemblée nationale, où elle a obtenu, après les applaudissemens des patriotes, un décret qui la renvoie au comité de constitution.

Vos commissaires ont donc cru devoir s'occuper promptement et partiellement de la seconde partie de l'ouvrage qui a pour objet l'éducation nationale (1) : celle-ci s'applique uniquement à la partie morale ; elle tend à faire faire dans les

---

avec un projet de décret et de règlement constitutionnel pour les jeunes gens réunis dans les écoles publiques, suivi d'un Essai sur la manière de concilier la surveillance nationale avec les droits d'un père sur ses enfans, dans l'éducation des héritiers présomptifs de la couronne.

Par Léonard Bourdon, ci-devant avocat, l'un des électeurs de 1789, et des représentans de la commune.

Se vend chez Baudouin, imprimeur de l'Assemblée nationale, Desenne, Cussac et autre libraires, au Palais royal.

(1.) Trois autres commissaires se sont chargés du rapport

écoles publiques aux jeunes citoyens le noviciat des obligations civiques qu'ils auront un jour à remplir.

M. Bourdon, après avoir puisé dans la nature les principes sur lesquels il fonde l'idée de la plus grande perfectibilité de l'état social , est conduit par des principes incontestables à reconnoître que l'instruction nationale est une dette de la société ; et l'on conçoit en effet que c'est une dette sacrée qu'elle a un grand intérêt d'acquitter , puisqu'elle doit être récompensée avec usure, puisqu'elle en doit retirer l'avantage de l'affermissement et de la durée de son existence.

La loi étant l'expression de la volonté générale , tous les citoyens ayant un droit égal à sa forma-tion , un égal intérêt à sa bonté , ont un droit égal à l'instruction , c'est-à-dire , au développe-ment de leurs facultés intellectuelles.

Le moyen de M. Bourdon pour exciter ce dé-veloppement et le rendre utile à la société qui a intérêt de le favoriser pour l'avantage général et le plus grand bien des individus , est de faire faire aux jeunes gens réunis dans les écoles l'appren-tissage de la vie , et non-seulement de leur ap-prendre qu'ils auront un jour des droits à exercer dans la grande société , mais de les leur faire con-noître dès l'âge le plus tendre , de les préparer par la pratique même, à tous les rapports , à toutes les relations auxquelles ils sont destinés dans un

---

des trois autres parties de l'ouvrage, qu'ils feront dès que la société l'ordonnera.

1°. L'organisation extérieure des écoles publiques.

2°. Les objets d'enseignement public.

3°. L'éducation des héritiers présomptifs de la couronne.

âge plus avancé ; est enfin de changer l'état de servitude de l'éducation , en un état heureux , en une éducation naturelle qui provoque le développement des facultés de l'ame , au lieu de le contraindre ; qui dirige utilement les passions , au lieu de les tourmenter , et qui fasse jouir dès l'aurore de la vie du bonheur de la liberté.

Cette idée grande , belle , digne d'une ame sensible , est faite pour attirer toute l'attention des Amis de la constitution , qui après avoir concouru à une grande révolution, sentent que leurs plus tendres sollicitudes doivent maintenant se diriger vers l'éducation nationale , qui, améliorant successivement l'espèce humaine , fera faire à chaque génération un pas de plus vers le bonheur.

L'auteur de l'ouvrage reconnoît deux époques dans l'éducation : la nature se charge de cette distinction ; elle fait commencer la seconde lorsque l'enfant devient un être sensible et raisonnable ; la première doit être destinée aux développemens physiques , à tout ce qui peut assurer une santé vigoureuse ; on ne présente à cet âge que des idées simples , on ne parle qu'aux sens : on écarte des enfans tout ce qui pourroit leur nuire ; et dans cet âge heureux des premières impressions , on a grand soin sur-tout de ne pas troubler le calme de leur innocence par des châtimens, par des menaces : car c'est ainsi que des êtres qui n'auroient eu que la timidité naturelle , deviennent des êtres sans énergie , deviennent des hommes lâches ou des esclaves.

Lorsque les enfans sont parvenus à la seconde époque , M. Bourdon cherche un ordre de choses qui concilie la respectueuse déférence des gou-

nés avec la plus grande liberté dans leurs ac-
tions, et dans leurs premiers essais de raisonner.
Il pense qu'un moyen assuré est de substituer une
méthode légale à l'arbitraire du régime actuel ;
il pense qu'il faut que les élèves dépendent des
choses, et jamais des *personnes* ; il veut leur faire
aimer et respecter la loi ; il veut qu'ils ayent des
droits auxquels ils s'attacheront ; il veut que l'exercice de leurs facultés leur apprenne à traiter entr'eux, à donner leur confiance, à mériter celle
des autres ; il veut enfin que ces élèves puissent
avoir une constitution, c'est-à-dire une organisation intérieure qui leur laisse l'exercice de leurs
droits, et qui détermine non-seulement leurs relations entr'eux, mais celles qu'ils doivent avoir
avec les personnes chargées de les instruire.

Le mot de constitution entraîne avec lui l'idée
de séparation de pouvoirs, et dès-lors exclut la
tyrannie des instituteurs, qui devoit produire quel-
ques hommes vicieux, et beaucoup d'esclaves.

Les instituteurs donneront le fruit de leurs lu-
mières et de leur expérience ; et sous l'empire de
la loi, l'intérêt de la jeunesse fixera la juste éten-
due de leur autorité.

Les élèves seront susceptibles de se choisir parmi eux de jeunes gens de confiance, des représentans qui pourroient exercer de certaines fonctions administratives et judiciaires ; leurs lois seront simples comme eux ; elles consisteront dans
un règlement qui fixera les formes des élections,
les fonctions de ceux qui auront été élus, la
nature des peines et des récompenses....

Les instituteurs dirigeront les chefs-élèves dans
l'exercice de leurs fonctions ; les élèves soumis
à des lois de police qu'ils auront établies, à des

peines qu'ils auront fixées, ne pourront jamais se plaindre d'une injustice ; ils n'obéiront pas à la force, et ne contracteront pas cette funeste habitude du mépris d'une punition infligée d'une manière arbitraire.

Pour vous rendre plus énergiquement, Messieurs, les avantages qui résultent de ce système, je laisse parler l'auteur ; il s'explique ainsi en terminant le chapitre de l'éducation nationale :

« La jeunesse sortant de son état passif, et de
» sa longue enfance, rendue à son activité na-
» turelle, va connoître enfin le besoin impérieux
» de s'estimer et d'être estimée ; besoin qui ne
» peut être senti que par des hommes libres.

» Guidée par le sentiment et par la raison, fi-
» dèles interprètes de la nature, en cherchant
» le bonheur dans l'usage modéré de ses facultés,
» elle y trouvera aussi la vertu.

» Les mœurs seront pures, parce que la servi-
» tude qui traîne à sa suite le dégoût, l'ennui et
» l'insouciance, vraies sources de leur corrup-
» tion, n'existera plus, et que les précautions
» excessives qui, en voulant opposer une digue à
» la contagion, ont été si souvent funestes à l'in-
» nocence, seront absolument bannies.

» L'habitude acquise de l'ordre, la science pra-
» tique et usuelle de la justice, de la gloire, de
» ses droits et de ses devoirs, du bonheur enfin,
» rendront leur ame inaccessible à ces goûts fri-
» voles qui corrompent le bel âge et flétrissent
» toute la vie, et l'ouvriront à ces nobles et fortes
» passions qui nous donnent un caractère pro-
» noncé, nous font éprouver sans cesse l'enthou-
» siame de la vertu, et élèvent enfin l'homme à
» la hauteur de ses destinées.

» Que l'on juge si des hommes dont la jeu-
» nesse aura vécu libre , seront propres à la ser-
» vitude dans l'âge mur , et s'ils ne sauront pas
» fidèlement conserver le dépôt qui leur aura été
» transmis. »

Dans la suite de son ouvrage, d'autant plus étonnant que le plan est antérieur de dix-huit mois à la révolution (1), M. Bourdon donne un projet de règlement constitutionnel ; il établit les relations des élèves entr'eux , la distribution des fonctions publiques , la formation du conseil de discipline, l'établissement des jurés, &c.

Un grand nombre des avantages politiques que la constitution a classés dans le pouvoir adminis-tratif, trouvent leur application dans ce plan : l'auteur a eu soin d'éviter tout ce qui pouvoit ne rendre les élèves que des imitateurs ; il ne puise dans la contitution, que les parties qui lui paroissent applicables à l'éducation nationale.

Dans les 50 articles de ce règlement constitu-tionnel, M. Bourdon différencie, d'une manière in-génieuse , l'autorité que, pour le grand bien des gouverneurs, il délègue aux instituteurs , d'avec les droits dont il réserve l'exercice aux élèves; et cependant, quoique ce système soit puisé dans la

---

(1) La partie de cet ouvrage sur laquelle porte ce rapport a été imprimée en 1788 , sous le titre de plan d'un établisse-ment d'éducation nationale, chez Prault , quai des Augustins ; des lettres-patentes en autorisèrent l'exécution sous le titre de Société royale d'émulation , et , par une bizarrerie encore plus singulière , ce plan uniquement fondé sur les droits naturels , la *liberté* et l'*égalité* , ainsi que le comité de constitution l'a reconnu dans son avis du 16 janvier dernier , étoit destiné par le ministre de la guerre d'alors , *à mener les réglemens des écoles militaires au degré de modération et de simplicité convenable.*

nature même, et conforme au grand édifice social, il faut attendre son application pour être assuré du succès ; mais tout bon citoyen nous semble devoir desirer l'essai d'une institution dont la théorie s'offre sous un aspect si séduisant, et le desirer d'autant plus vivement, qu'il faut peu de mois pour s'assurer du succès de cette grande expérience ; car on est bien prompt à se saisir de l'exercice de ses droits, quand ils sont indiqués, et toute la question se réduit à savoir si cet exercice n'attachera pas plus fortement la jeunesse à ses devoirs.

Cette expérience est d'autant plus nécessaire, qu'on ne peut pas jeter indistinctement parmi la jeunesse des institutions nouvelles, même avouées par la théorie, et que cependant, sans l'admission de ces principes régénérateurs, nous n'aurons pas d'éducation vraiment nationale.

Instruit qu'un des membres du comité de constitution s'est occupé du rapport de la pétition de l'auteur, et qu'il ne l'a suspendu que par la raison qu'un de ses collègues étoit chargé de tout l'ensemble du travail sur l'instruction publique, votre comité croit, Messieurs, que le devoir de la société des Amis de la constitution est de presser M. Rabaut de saint-Étienne, l'un de ses membres, de concilier, avec un travail général, le rapport de la pétition, et de l'inviter à obtenir un décret qui puisse mettre, le plus promptement possible, M. Bourdon à portée de faire l'expérience de son invention.

Votre comité n'entre pas dans le détail des demandes formées par M. Bourdon, afin de pouvoir le plus promptement possible faire l'application de ses principes ; ces détails appartiennent à celui qui est chargé du rapport à l'Assemblée nationale ;

il suffisoit de vous indiquer que ce système ren-
fermoit des vues neuves, ingénieuses et profondes,
conformes à la loi naturelle, et aux principes de
la nouvelle constitution ; que ce système méritoit
d'acquérir la plus prompte sanction de l'expérience;
et que, pour l'obtenir, il étoit avantageux que
l'Assemblée nationale favorisât l'essai que M. Bourdon propose, et accordât à cet effet un de ses
momens au rapport du comité de constitution sur
la pétition qui a été renvoyée à ce comité par un
décret.

Votre comité se borne donc à inviter la société
des Amis de la constitution, à prendre l'arrêté
suivant.

Projet d'arrêté adopté par la Société.

La société des Amis de la constitution, ouï le
rapport des commissaires nommés pour l'examen
du mémoire de M. Léonard Bourdon sur l'instruction et sur l'éducation nationale, a arrêté que
M. Rabaut, membre de cette société, seroit in-
vité à faire demander à l'Assemblée nationale,
par le comité de constitution, un jour fixe et pro-
chain pour faire le rapport de la pétition que
l'Assemblée nationale a renvoyée à ce comité par
son décret du 31 mai dernier.

Signé BIAUZAT, *président.*

BONNECARRERE, COLLOT-D'HERBOIS, *secrétaires.*

www.ingramcontent.com/pod-product-compliance
Lightning Source LLC
Chambersburg PA
CBHW051449060726
47596CB00006B/2689